DAS BILDERBUCH ZUR KRISE

VON CLEMENS GERLACH UND PEER HARTOG

Seifenblasen
bubbles · Bulles de
PUSTEFIX
42 ml 1.3 fl.oz
Made in Germany

DAS LEBEN IST EINE BLASE. Und das ist nicht einmal despektierlich gemeint. Schließlich entsteht unser aller Leben in einer Blase, der Fruchtblase nämlich. Und richtig beginnen kann es erst, nachdem diese Blase zerplatzt ist. Sie ahnen, worauf wir hinaus wollen. Soll es ein Zufall sein, dass sich platzende Blasen wie an einer roten Schnur durch unser Leben ziehen? Denken Sie nur an all die regenbogenfarbenen Seifen- und pinkfarbenen Hubba-Bubba-Blasen, die nach kurzer Existenz zerplatzten, und mit ihnen der kindliche Traum, der Welt etwas Bleibendes, Schönes zu geben. Oder die Blutblasen, die wir Bundeswehrstiefeln bzw. Sex-and-the-City-beeinflusstem Schuhwerk verdankten. Letztlich ist das Platzen noch die bessere Alternative, denn in Platzen steckt das Wort 'Platz', und der wird für einen Neuanfang nun mal benötigt. Das Leben hält durchaus perfidere Alternativen für uns bereit, das wird jeder bestätigen, der mal Bekanntschaft mit einer Blasenentzündung gemacht hat. Dann doch lieber **PLOPP!** Neuanfang, Tabula Blasa.

Die New Economy war übrigens auch nichts anderes als eine Seifenblase für große Kinder: Der bunt schillernde Traum, mit ein bisschen warmer Luft Schlösser zu bauen. Und wer sich nun noch beklagt, dass auch eine wahrlich ausgedehnte Wirtschaftsblase mal platzt, der hat das System noch immer nicht begriffen. Setzen, 6! Text von vorne lesen! Eine versöhnliche Nachricht zum Schluss (oder Beginn, je nachdem): Die Blase, in der wir alle leben, genannt Atmosphäre, macht's ja wohl noch ein paar Jahre. Also, in welcher Art Krise auch immer Sie sich gerade befinden: Hören Sie auf zu jammern und gehen Sie in die Garage (S. 8)!

1929
2008
1979
2000
1973

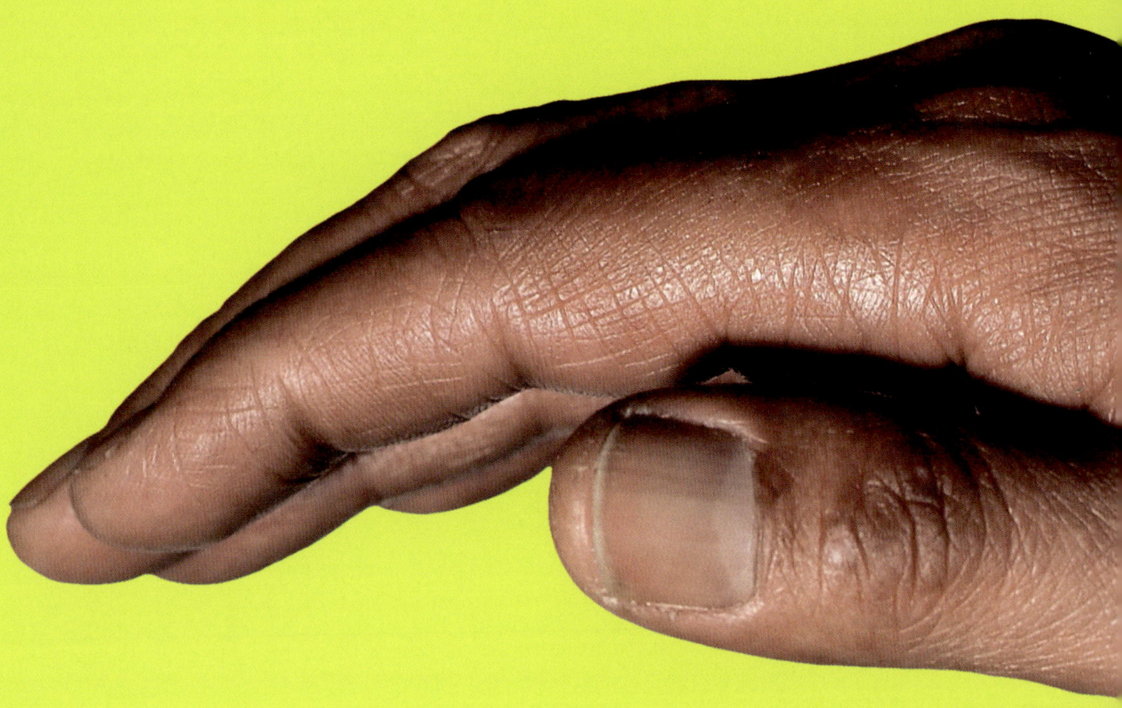

DIE ÜBLICHE HALTUNG IN DER KRISE

DIE RICHTIGE HALTUNG IN DER KRISE

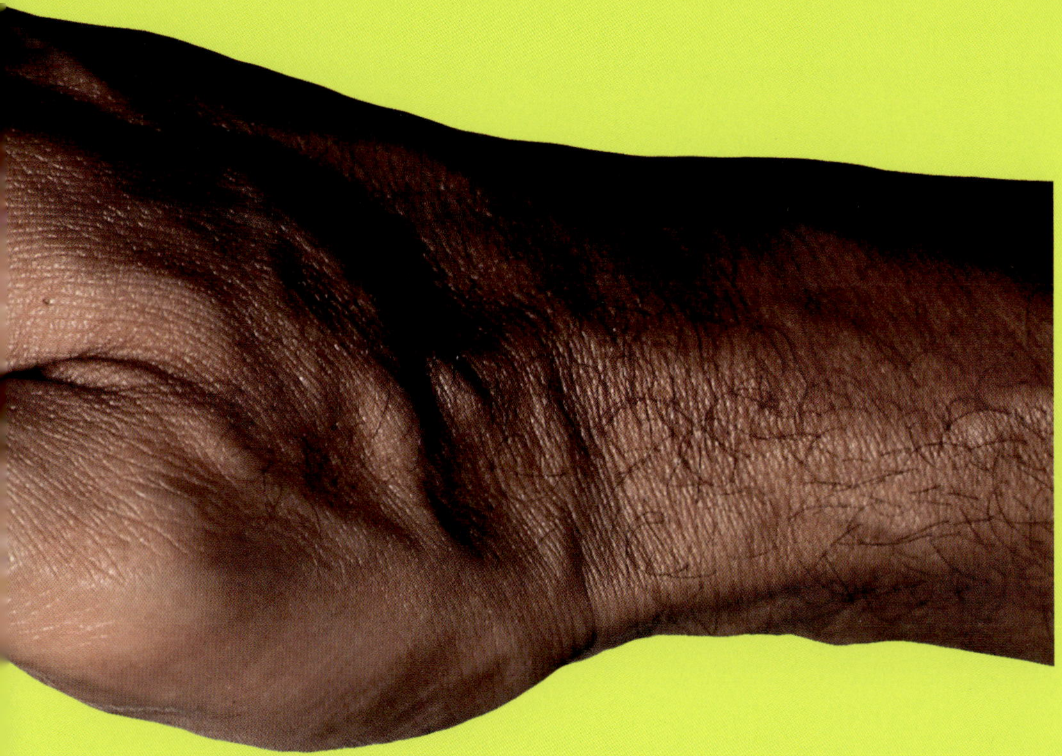

Die Gründer von
Ford (1903),
Walt Disney (1920er),
Hewlett-Packard (1939),
Apple (1973),
und Google (1998)
starteten in einer Garage.

27
28
Haben Sie eine Garage?

ENTSCHEIDER

ENTSCHEIDUNG

Lieber ein Ende mit Schrecken als Heuschrecken ohne Ende.

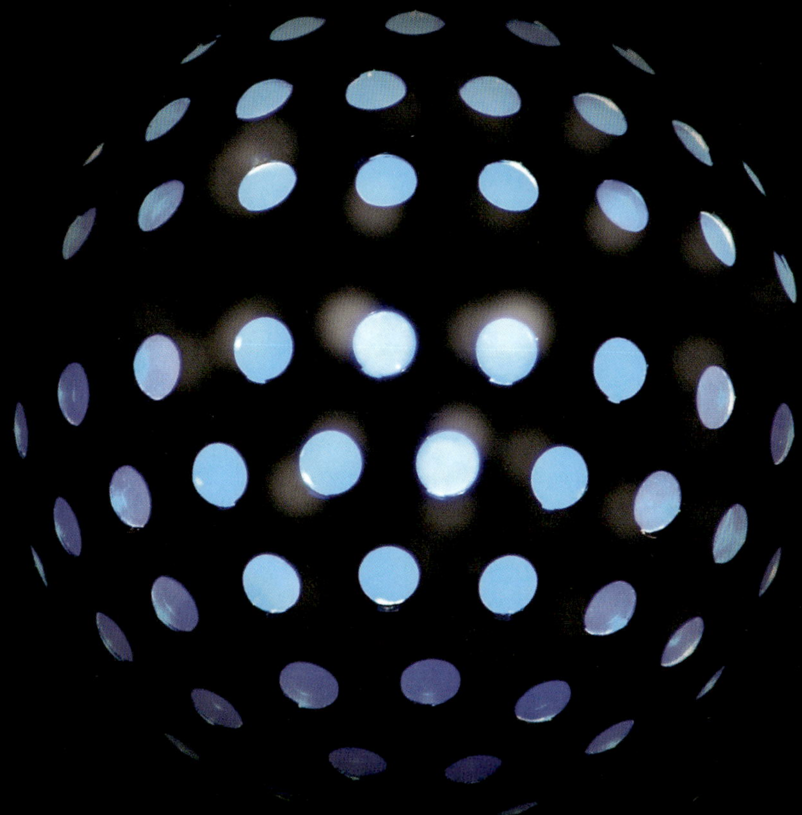

ORBIS NON DISCO EST.

II

your child an ice cream, your friend a soccer ticket, your misses a rose and something precious for yourself: time!

everything that makes you dull, fat, angry and – which is more: busy.

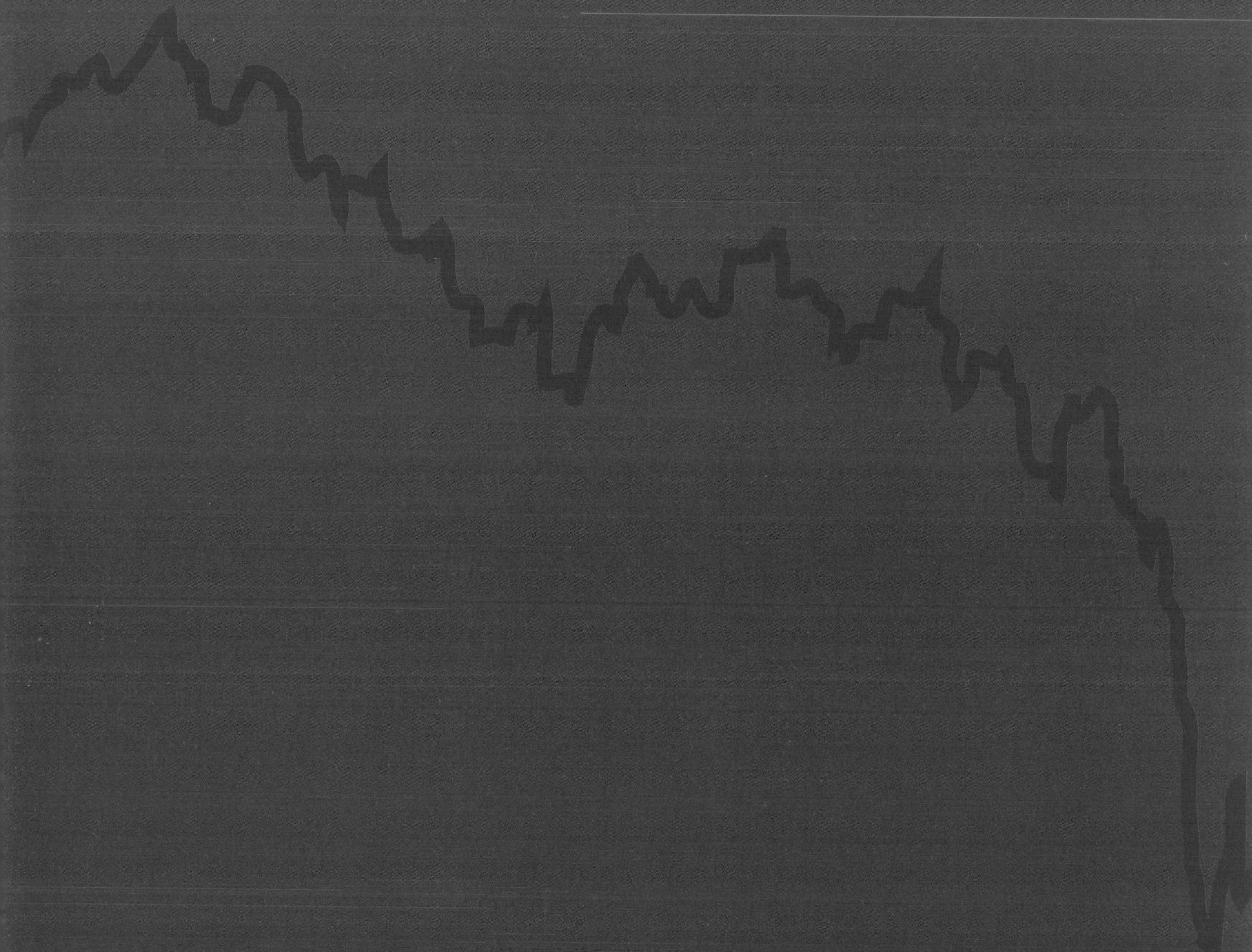

DIE US-FLUGGESELLSCHAFT AMERICAN AIRLINES SPARTE IN EINEM JAHR 35.000 EURO,
NUR WEIL IM SALAT DER ERSTEN KLASSE EINE OLIVE WEGGELASSEN WURDE.
WIE DAS DEN KUNDEN GESCHMECKT HAT, IST NICHT ÜBERLIEFERT.

Heidi Klum:

Gewinnerin eines Model-Wettbewerbs (in Gottschalks Late Night Show)
Covergirl (Sports Illustrated)
Top Model (Vogue, Elle)
Werbefigur (Katjes, Mc Donald´s, VW)
Fruchtgummi-Produzentin (My Favorite Candy, USA)
Schmuckdesignerin (Mouawad, NY)
Rosenzüchterin (Heidi Klum Rose)
Dessous-Designerin (Victoria´s Secret)
Showmasterin (Germany´s next Topmodel)
Buchautorin (‚Natürlich erfolgreich')
Schauspielerin (Der Teufel trägt Prada, Sex & the City)

Erfinden Sie auch mal was Neues:
Sich selbst.

FOTO: FLORIAN KOLMER

Wladimir Laptew, Verwaltungschef der russischen Region Noguinsk, hat seinen Beamten die Benutzung des Begriffs ‚Krise' verboten. Beamten, die sich nicht an die Regelung hielten, drohe die Entlassung. Laut Laptew ist dieses Verbot kein Eingriff in die Redefreiheit. Es sei vielmehr vergleichbar damit, seinen Angestellten das Tragen von Miniröcken zu verbieten.

INSERT COIN I:

IM HAUS DES ÖL-MULTIMILLIARDÄRS J. P. GETTY GAB ES EIN MÜNZTELEFON.

INSERT COIN II:

PARTYLÖWE J. PAUL GETTY II. SPENDETE 183 MIO. DOLLAR FÜR WOHLTÄTIGE ZWECKE. ER WURDE 1986 VON DER QUEEN ZUM RITTER GESCHLAGEN. UND GALT ALS SCHWARZES SCHAF DES GETTY-CLANS.

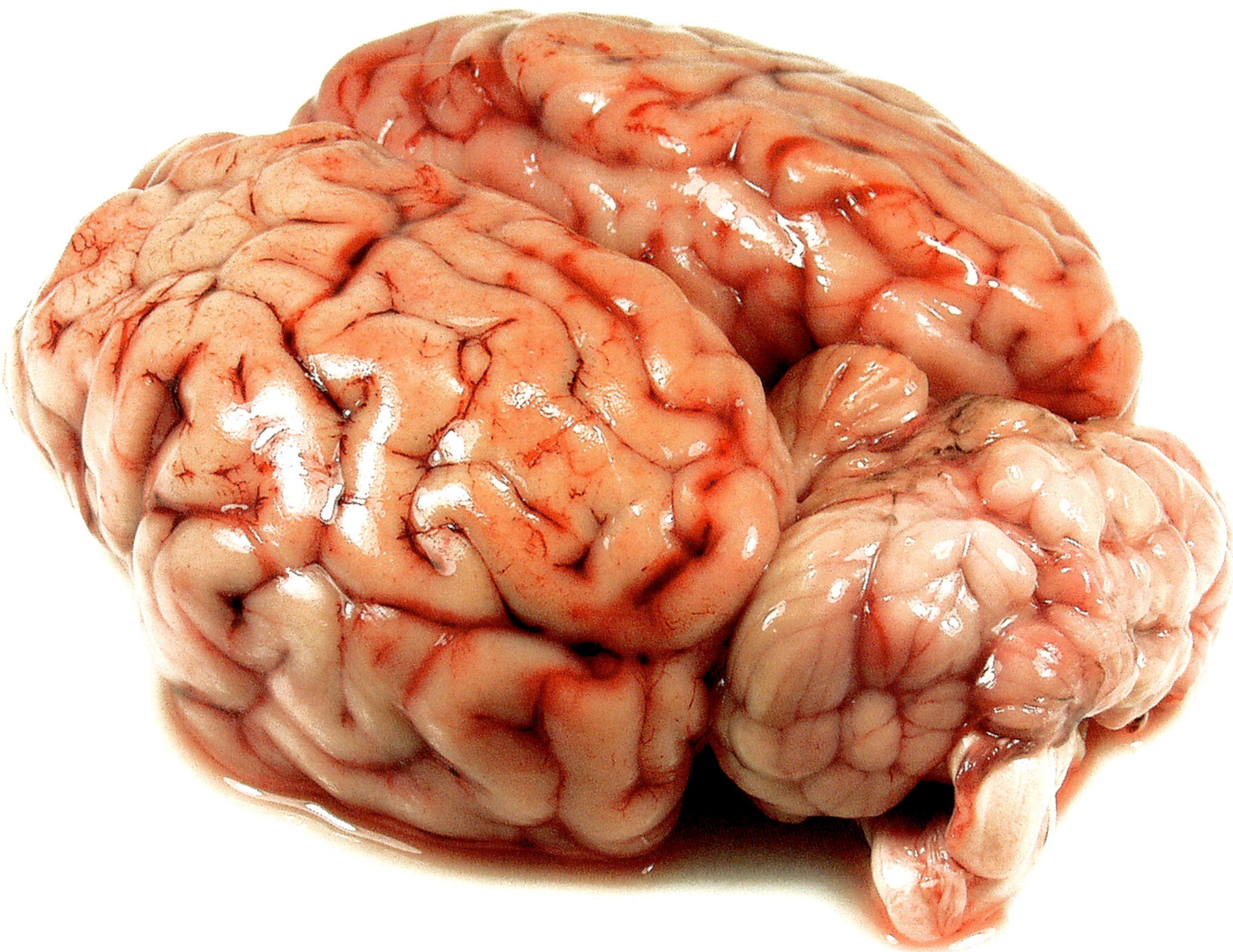

++++++++ In den USA gibt es mehr Psychoanalytiker als Briefträger +++++++

15 Mio

Mio 75

Wirtschaft nach den Regeln der Kunst – oder andersherum? Der „Diamond Skull“ von Damien Hirst, Materialwert: 15 Mio Euro, Verkaufswert: 75 Mio Euro

Die Abwrackprämie wurde 2009 auch gewährt für:
Playstation 2, Computer, Blockbandsägen,
Unterhosen, Tauchcomputer, Software,
Web-Portale, IP-Adressen, Kleider,
Atemregler, Vibratoren, Schuhe,
Heizungen, Schulranzen,
Gabelstapler, Anzüge,
Mainboards, BHs,
Fahrräder,
Reifen.

DAS SCHWUNDGELD

LINDERT DIE NOT · GIBT ARBEIT UND BROT

ES GIBT DINGE, BEI DENEN MAN VON VORNHEREIN WEISS, DASS MAN SIE LIEBER SEIN LÄSST. WEIL SIE EINEM UNLOGISCH ERSCHEINEN. DANN WIEDERUM GIBT ES LEUTE, DIE AUF LOGIK NICHT VIEL GEBEN. UND DAMIT SOGAR DIE WIRTSCHAFT RETTEN.

STELLEN SIE SICH VOR, SIE HABEN SICH beim Klettern im Urlaub eine frische Schnittwunde zugezogen. Das Letzte, was Sie jetzt tun würden, wäre Salz hineinzustreuen. Oder Sie blicken an einem klirrend kalten Wintermorgen aus dem Schlafzimmerfenster und Ihnen ist klar, was man heute garantiert nicht tragen sollte: eine Badehose. Und ebenso wissen Sie bestimmt auch, dass man sich in einer Wirtschaftskrise das zügellose Kaufverhalten einer gelangweilten Millionärsgattin nicht unbedingt zum Vorbild machen sollte. Dass man sein Geld aber mit Absicht freimütig verteilt, um damit die angeschlagene Wirtschaft zu beleben, darauf würde wohl niemand kommen.

GELDAUSGABE IN WÖRGL 1933

AUSSER MICHAEL UNTERGUGGENBERGER, IN DEN 30er Jahren findiger Bürgermeister der österreichischen Gemeinde *Wörgl*. Er führte in der damaligen Wirtschaftskrise das so genannte *Schwundgeld* ein. Eine Art Zweitwährung, die mit einem Negativzins von einem Prozent versehen war und somit Monat für Monat an Wert verlor. Seine Idee war dabei noch nicht mal neu: *Silvio Gesell*, belgischer Finanztheoretiker und Begründer der Freiwirtschaftslehre hatte dieses Währungsmodell schon viel früher entwickelt, aber erst mit dem Mut *Unterguggenbergers* fand es seinen Weg aus den Lehrbüchern in die damals ziemlich harte Realität. Und tatsächlich ging das Konzept vom Schwundgeld auf: Jeden Monat wurden die Bürger Wörgls dazu aufgefordert, eine Marke auf ihre Geldscheine zu kleben, andernfalls wurden diese ungültig. Wollte man sparen, so kostete das jetzt Geld. Anstatt größere Beträge auf die hohe Kante zu legen, gaben es die Menschen lieber schnell aus. Und staunten nicht schlecht, als der tröpfelnde Geldumlauf sich plötzlich in einen reißenden Strom verwandelte und binnen kürzester Zeit eine beträchtliche Summe in die Gemeindekassen Wörgls spülte. Die drohende Deflation konnte so clever umschifft werden.

M. UNTERGUGGENBERGER

DOCH DAMIT NICHT GENUG: WAS FÜR DIE BÜRGER galt, musste die Gemeinde ebenso einhalten. Die behielt das eingenommene Geld auch nicht lange, sondern ließ davon Brücken bauen, Straßen asphaltieren und sogar eine neue Skisprungschanze errichten. Quasi über Nacht erfreuten sich die Einwohner Wörgls am Rückgang der Arbeitslosigkeit und der florierenden Wirtschaft. Dieser beispiellose Aufschwung wurde nicht zu Unrecht als das WUNDER VON WÖRGL bezeichnet. „Wörgl hat plötzlich Weltbedeutung erlangt. Unterguggenberger ist im Begriff, eine geschichtliche Persönlichkeit zu werden." schrieb das Wiener *12-Uhr-Blatt* 1933. Währenddessen schaute das Umland in Sachen Konjunktur weiterhin in die Röhre. Doch es dauerte nicht lange bis auch andere das Konzept kopierten. Etwa 200 weitere Gemeinden in Österreich wollten auch gern so ein Wirtschaftswunder, außerhalb der Landesgrenzen sogar Städte wie Monaco, Paris und Nizza. Selbst in den USA, der Wirtschaftsnation schlechthin, wurde ein Gesetzesantrag in Senat und Repräsentantenhaus eingebracht, der die Einführung von Schwundgeld forderte.

DIE NOTENBANK BEREITET DEM WUNDER EIN ENDE. AUS ANGST, IHR MONOPOL ZU VERLIEREN.

DIESE POSITIVEN AUSSICHTEN SOLLTEN JEDOCH nicht lange anhalten und trübten sich, als die *Österreichische Notenbank* feststellen musste, dass das Schwundgeld zum Selbstläufer wurde und es kurzerhand verbat. Nämlich aus Angst, sie könne ihre Geldmonopolstellung verlieren. So wurde dem *Wunder von Wörgl* noch vor seinem Durchbruch ein jähes Ende bereitet. Und damit auch dem Versuch, festgetretene Pfade zu verlassen, um ein Problem zu lösen. Natürlich wollen wir an dieser Stelle nicht dafür plädieren, sich das nächste Mal Salz in die Wunde zu streuen. Oder in Unterwäsche durch den Schnee zu laufen. Aber manchmal lohnt es sich durchaus, das Gewohnte zu hinterfragen. Beim Schwundgeld hat es doch prima geklappt…

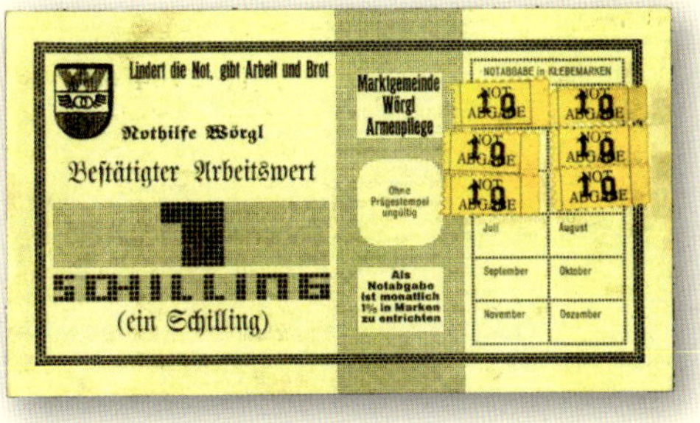

MONAT FÜR MONAT...

...MUSSTEN DIE GELDSCHEINE...

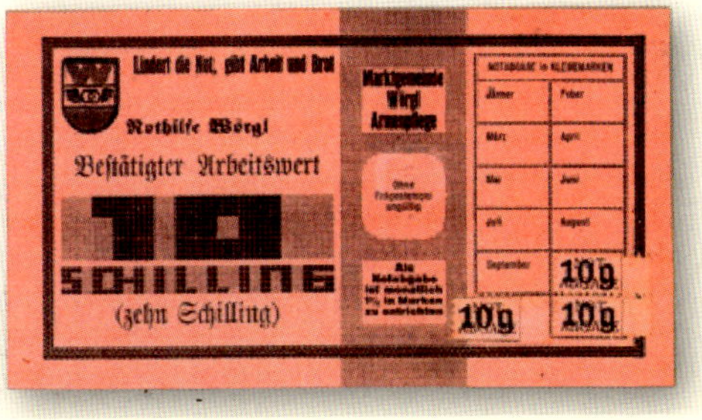

...MIT WERTMARKEN BEKLEBT WERDEN.

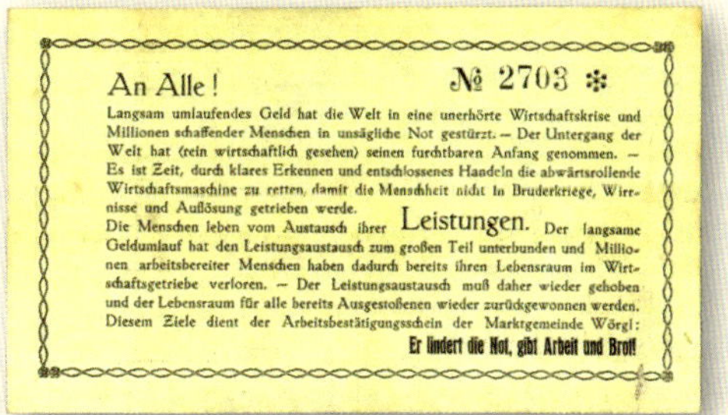

DIE RÜCKSEITE DER GELDSCHEINE.

Wer in die Geschichte eingehen will,
muß etwas Bleibendes schaffen.

Arbeitsplätze zum Beispiel.

ERSTE HILFE: NERVENNAHRUNG SCHOKOLADE: +7 % IM JAHR 2008

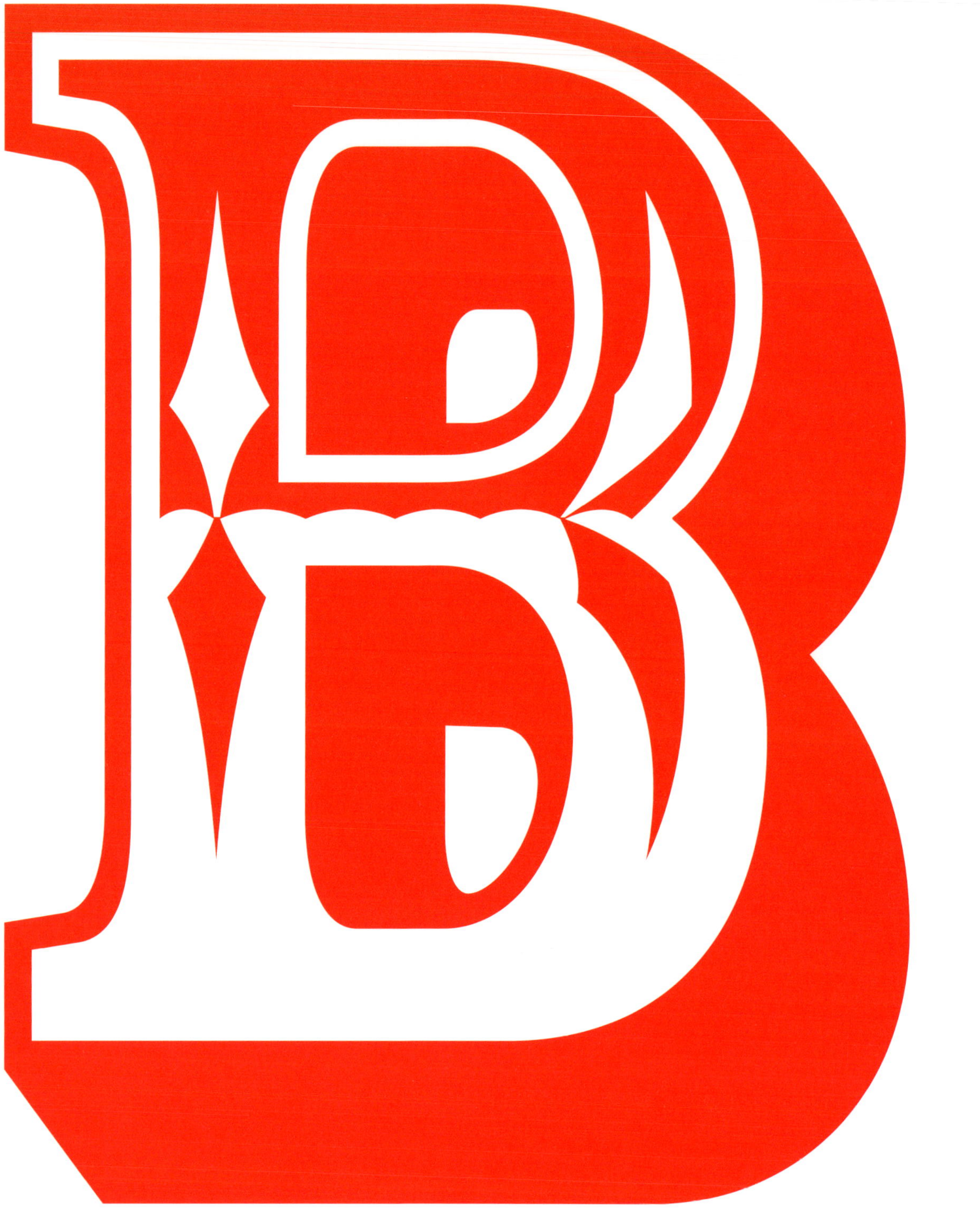
B

DODGE CITY

Kansas · USA

DODGY CITY

Frankfurt · Germany

[engl.] **dodgy** = ausgekocht, fragwürdig, gerissen, heikel, kniffig, sonderbar, vertrackt, verzwickt, zweifelhaft, zwielichtig

INVEST!

MATILDA JENNY, *31.3.2009 IN BERLIN.

24.Dez.0000

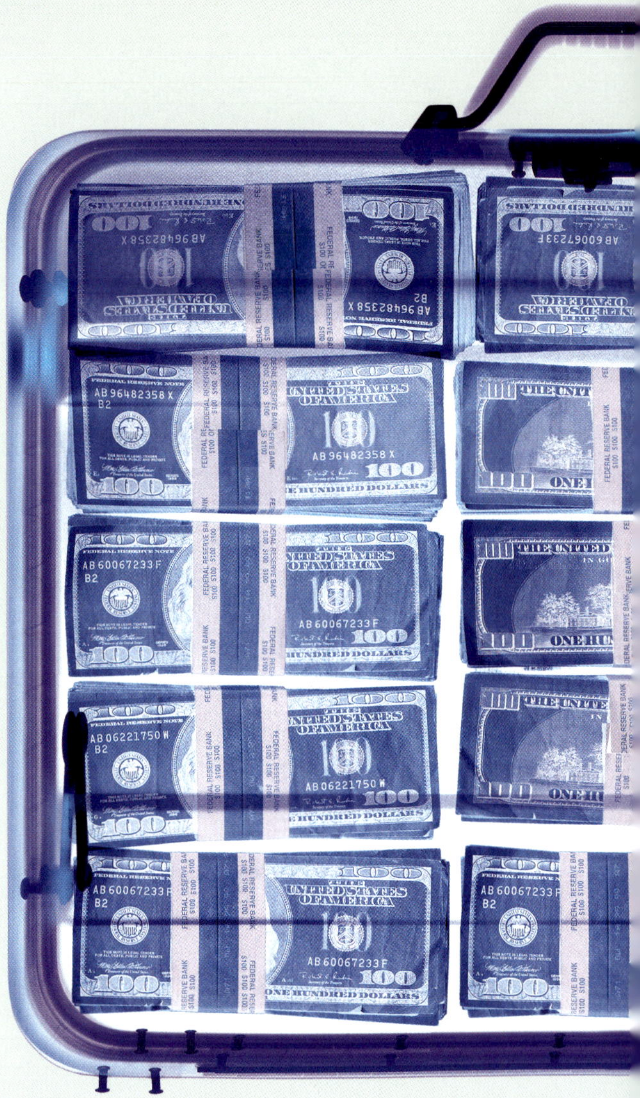
AB 96482358 X
AB 60067233 F
AB 06221750 W
FEDERAL RESERVE BANK
$100
100
ONE HUNDRED DOLLARS

23. Dez. 2740

Im März 2009 gab die US-Notenbank bekannt,
dass sie über 1 Billion (also 1.000.000.000.000)
an frisch gedruckten Dollars in Umlauf bringt.
Zur Veranschaulichung: Wenn jemand seit Christi Geburt
jeden Tag eine Million US Dollar ausgegeben hätte,
müsste er noch 731 Jahre lang täglich eine Million ausgeben,
bis er eine Billion erreichen würde.

Quelle: www.das-bewegt-die-welt.de

ZAHLT DIE
BANKNOTE DEM
DIESE BANKNOTE
ANDERE GESETZLICHE
BERLIN,
WER BANKNOTEN NACHMACHT ODER VERFÄLSCHT, ODER NACHGEMACHTE ODER VERFÄLSCHTE SICH VERSCHAFFT UND IN VERKEHR BRINGT, WIRD MIT ZUCHTHAUS NICHT UNTER ZWEI JAHREN BESTRAFT
MM–29
REICHSBANKDIREKTORIUM

UPTKASSE IN BERLIN GEGEN DIESE
ER. VOM 1. JANUAR 1924 AB KANN
JFEN UND UNTER UMTAUSCH GEGEN
LUNGSMITTEL EINGEZOGEN WERDEN
EN 1. SEPTEMBER 1923
NKDIREKTORIUM
WER WIRD MILLIONÄR?

SOLL

HABEN

BRUTTOINLANDSPRODUKT 2009: CHINA +9 VS. USA -9 PROZENT

危机

(Chinesisch: weiji, Krise)

机会

(Chinesisch: jihui, Chance)

DIESE WAHRE GESCHICHTE BEGINNT, als das Leben eines Medizinprofessors endet. Die Söhne lösen seinen Haushalt auf und finden neben einigen wertvollen Dingen einen vertrockneten halben Laib Brot. Ein Stück Brot, das eine Geschichte hat, wie die Haushälterin des Verstorbenen weiß:
Nach dem Krieg war der Professor schwer krank. Ein guter Freund schickte ihm den Laib, damit er zu Kräften komme. Der Professor aber hielt die junge Tochter eines Nachbarn für bedürftiger und ließ ihr das Brot zukommen. Die Nachbarsfamilie jedoch mochte das Brot nicht für sich behalten und brachte es der armen alten Witwe, die in der Dachkammer lebte. Die wiederum gab es ihrer Tochter, die mit zwei kleinen Kindern, aber ohne etwas zu essen, ein paar Straßen weiter lebte. Diese Mutter dachte, kaum dass sie das Brot in den Händen hielt, an den kranken Professor. Er hatte ihrem Jungen einst das Leben gerettet und kein Geld dafür genommen. „Wir haben das Brot sofort wiedererkannt“ so die Haushälterin, „unter dem Brot klebte immer noch das kleine Papierstückchen.“ Als der Professor das Brot wieder in den Händen hielt, sprach er: „Solange noch Menschen unter uns leben, die so handeln, braucht uns um unsere Zukunft nicht bange zu sein. Dies Brot hat viele satt gemacht, obwohl keiner davon gegessen hat.“ So legte er das Brot in den Schrank, von wo er es immer dann hervorholte, wenn seine Hoffnung zu schwinden drohte.

DER MENSCH LEBT NICHT VOM BROT ALLEIN.

„Der Penner da hat keinen Cent
in der Tasche,
aber er ist besser dran als ich,
weil er auf Null ist
und mir gegenüber 5 Milliarden Dollar
Vorsprung hat.“

Der während der Immobilienkrise Ende der 80er-Jahre stark verschuldete Donald Trump, als er in der Fifth Avenue einen Obdachlosen sieht.

5 AV

50% OFF
SEIT DER WIRTSCHAFTSKRISE 2008
WIRD IN DEN USA NUR NOCH HALB SO OFT GESCHIEDEN.

MANCHMAL KOMMT DAS GLÜCK
DURCH EINE TÜR, VON DER MAN GAR NICHT WUSSTE,
DASS MAN SIE OFFENGELASSEN HATTE.
JOHN BARRYMORE

„Du schwarz."

„Ich weiß."

1865 IN DER
FORSTWIRTSCHAFT TÄTIG

1898 GUMMISTIEFEL PRODUZIERT

2009 HANDY-WELTMARKTFÜHRER

KEEP CHANGING!

NOKIA

Sein eigenes Ding müßte man machen.

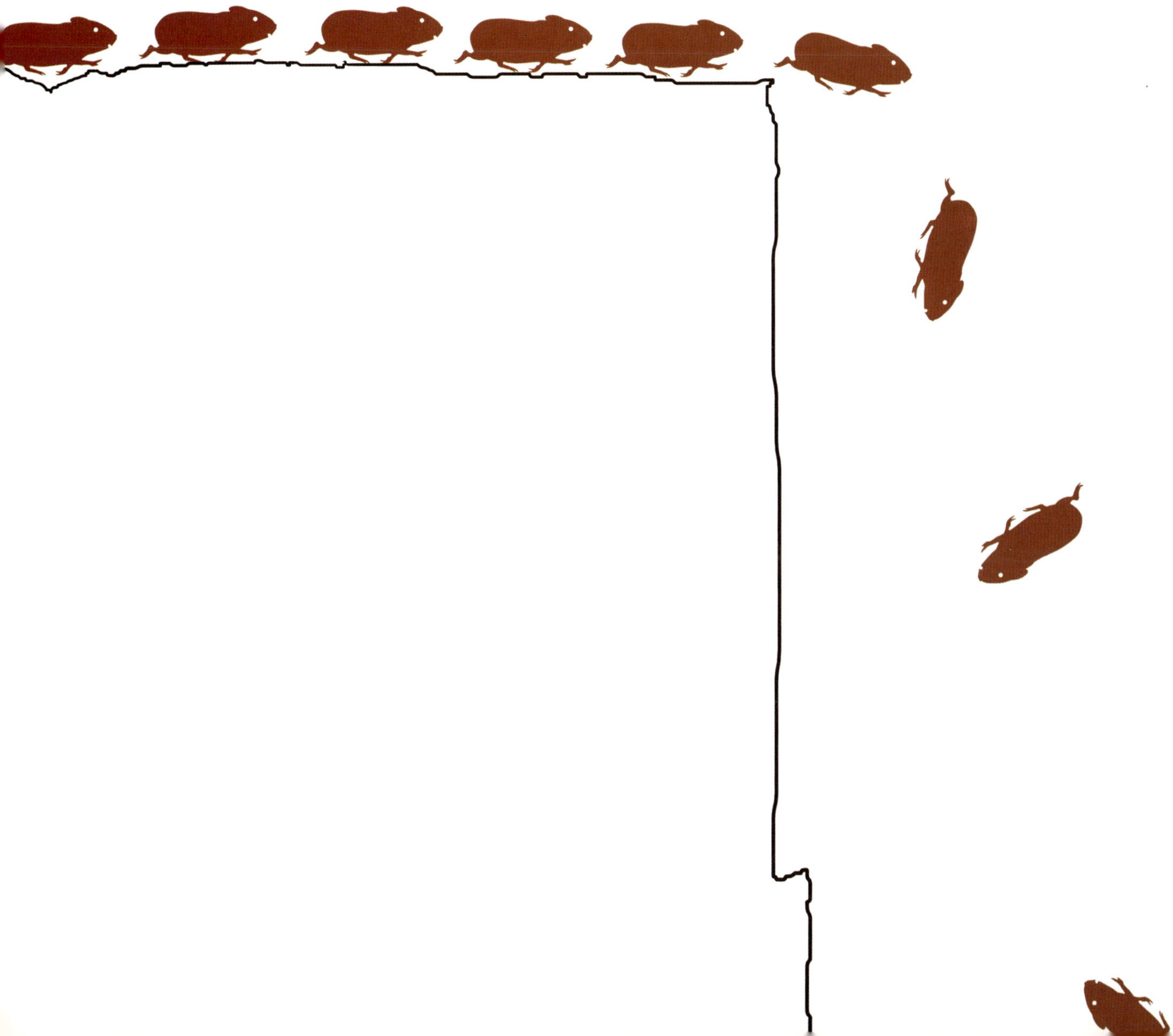

Essen Sie bei Mutter Erde: Ein 40-Quadratmeter-Garten genügt, um eine Person das ganze Jahr zu ernähren.

6,41€

Aussteigen mit Ausblick: Einen Strand-Bungalow in Kho Phangan gibt´s ab 300 Baht pro Tag.

In der Sprache der Eskimos gibt es kein Wort für „Kopfschmerzen".

++++++++++ Sommer 2009: Bundeskabinett beschließt leichteren Zugang zu

Arbeitslosengeld für steigende Zahl erwerbsloser Schauspieler ++++++++++++++++

WENN ZEIT GELD WÄRE, könnte man beim Bäcker mit Minuten bezahlen. Ein Brötchen würde 50 Sekunden kosten, und wenn die Tüte voll wäre, würde die Verkäuferin sagen: „Drei Minuten, 25 bitte!“, und man müsste ihr drei Minuten und 25 Sekunden seiner Zeit widmen. Die Verkäuferin würde diese Zeit auf verschiedenerlei Weise in Anspruch nehmen. Wäre der Kunde Elektriker, würde sie ihn vielleicht auffordern, die Sicherung auszuwechseln. Einen reichen Studenten würde sie mit schüchternem Augenaufschlag bitten, ein bisschen länger zu bleiben, denn Studenten haben ja bekanntlich viel Zeit.

WENN ZEIT GELD WÄRE, wären Zeitdiebe Kriminelle. Verkehrsplaner zum Beispiel, die zum Sommerferienbeginn die Strand-Autobahn mit Baustellen pflastern. Oder Menschen, die einen über die Hecke hinweg über das zulässige Stockmaß von Rhododendren aufklären.
Und Ärzte mit vollen Wartezimmern würden wegen Zeitentwertung, also Förderung der Inflation, angeklagt.

WENN ZEIT GELD WÄRE, wären die schlimmsten Zeitdiebe allerdings nicht Ärzte, sondern das Zeitamt, das uns zwingen würde, über unsere Zeit das ganze Jahr Buch zu führen und in komplizierten Formularen über ihren Verbleib Auskunft zu geben. Wir müssten Dokumente sammeln, ordnen und sauber abheften. Dafür bräuchten wir die Hilfe professioneller Berater. Das würde ganz schön Zeit kosten, aber Ordnung müsste ja nun mal sein.

WENN ZEIT GELD WÄRE, gäbe es keine Banken. Denn seine Zeit ansparen, sie gar auf ein Konto legen, auf dass sie sich vermehre und man seine Zeit irgendwann später nutzen kann, das ginge ja nicht. Auch würde sich niemand einen Monat leihen, wenn er wüsste, dass er später zwei Monate seiner Lebenszeit zurückgeben müsste. So blöd wäre ja keiner.

WENN ZEIT GELD WÄRE, hätte Deutschland bei fünf Millionen Arbeitslosen und 20 Millionen Rentnern rund 25 Millionen Reiche. Das wäre allerdings nichts gegen Länder wie Burkina Faso, wo fast nur Superreiche leben. Die würden in Spenden-Galas Zeit für uns sammeln und uns Entwicklungshilfe geben und beibringen, was man mit der gespendeten Zeit alles anstellen kann. Sie totschlagen zum Beispiel.

WENN ZEIT GELD WÄRE, könnte man sich Freunde kaufen, einfach nur, indem man ihnen Zeit schenkt. Oder die Liebe von Kindern, indem man mit ihnen eine Armee von Kastanienmonstern baut. Oder sie sonntags zum Herrscher unseres Zeitreiches krönt.

WENN ZEIT GELD WÄRE, könnten nur reiche Leute sich erlauben, Drachen steigen zu lassen oder die alten Peter-Sellers-Filme noch mal zu kucken. Oder so lange zu üben, bis sie einen Stein fünf mal übers Wasser flitschen lassen können.

Die Armen könnten sich so etwas nicht leisten, weil sie tagein, tagaus an ihrem Arbeitsplatz viel Zeit investieren müssten, um äh, um Zeit zu verdienen. Wie absurd wäre das denn?

campus
PAUL KRUGMAN
DIE NEUE WELTWIRTSCHAFTSKRISE
Globalisierung und Finanzkrisen
RENÉ ZEYER
BANK BANKER BANKROTT
STORYS AUS DER WELT DER ABZOCKER
Die globale Finanzkrise
spinbooks.de
Globale Finanzkrise
Wirtschaft KRISE 2010
Bodo Kirchhoff
Erinnerungen an meinen Porsche
Roman
Erfolgreich ohne auszubrennen
HERMANN LOSER
DER GRUND DER FINANZKRISE
FINANZKRISE? NA UND!
Die Chronik eines Jahres IV
Eckhart Müller-Timmermann
Ausgebrannt – Wege aus der Burnout-Krise
HERDER
Frederic F. Flach
In der Krise kommt die Kraft
WOLFGANG KÖHLER
WALL STREET PANIK
BANKEN AUSSER KONTROLLE
Marliese Arold
Oskars ganz persönliche Krisendatei
Stefan Erdmann
Banken Brot und Bomben
KRISE CRASH & 1000 MILLIARDEN
Let's make MONEY
Was macht die Bank mit unserem Geld?
DAS BUCH ZUM FILM
GELD spielt [k]eine Rolle
Fragen zu Geld und Wirtschaft
Günter Hannich
Börsenkrach und Weltwirtschaftskrise
Der Weg in den 3. Weltkrieg
KOPP
WOLFGANG KÖHLER
CRASH 2009
DIE NEUE WELTWIRTSCHAFTSKRISE
JOHN KENNETH GALBRAITH
DER GROSSE CRASH
1929
URSACHEN
VERLAUF
FOLGEN
Börse für DUMMIES
Hedwig Kellner
Die Kunst, mit meinem Geld auszukommen
ROBERT J. SHILLER
DIE Subprime LÖSUNG
DIE FINANZKRISE
verständlich erklärt

Für alle, die von der Krise nicht genug bekommen können.

„Da ist Land!“

Christoph Kolumbus am 11.10.1492, einen Tag vor der Entdeckung Amerikas.

Autoren

Clemens Gerlach und Peer Hartog sind Mitgründer und Kreativchefs der
NGGK – Neue Gesellschaft für ganzheitliche Kommunikation mbH in Hamburg.
Die Werbeagentur erarbeitet seit zehn Jahren klassische und
nicht klassische Markenstrategien und Kampagnen für große Marken.
NGGK ist eine 100%ige Tochter der **av**communication Group mit Sitz in Ludwigsburg,
Berlin und München.

Bildnachweise

4-5 © Yvonne Bogdanski - Fotolia.com; 6-7 © JerushA - Fotolia.com; 8-9 © Thomas Martin Pieruschek – PHOTOCASE;
10 © Freddy Smeets - Fotolia.com; 11 © Marty Kropp - Fotolia.com; 12 © Grischa Andreew - Fotolia.com; 13 © Jenzig 71 – PHOTOCASE;
14 © DerSchmock - Fotolia.com; 15 © M.H - Fotolia.com; 16-17 © M.W. - Fotolia.com; 22-23 © Volker Otten;
25 © ingolf sauer - Fotolia.com; 26-27 © piumadaquila.com - Fotolia.com; 28-29 © Florian Kolmer; 30-31 © Tracy Morgan - Getty Images;
36 © Otto Durst - Fotolia.com; 37 © Ramon Grosso - Fotolia.com; 38-39 © Picture-Alliance/dpa; 40-41 © Christoph Lambio – PHOTOCASE;
44-45 © Sebastian Kaulitzki - Fotolia.com; 49 © Nancy Ewert - Fotolia.com; 50 © Karen Kent - corbis.com; 51 © George Hammerstein - corbis.com;
52-53 © Mark Dare Schmiedel; 54-55 © Getty Images; 58 © geando - Fotolia.com; 59 © makuba - Fotolia.com; 60 © soschoenbistdu - Fotolia.com;
61 © Solovieva Ekaterina - Fotolia.com; 64-65 © sk_design - Fotolia.com; 67 © Albo - Fotolia.com; 68-69 © Claus Mikosch - Fotolia.com; 70-71 © corbis;
74 © Varina Patel - Fotolia.com; 74-75 (Mitte) © Michael Cornelius - Fotolia.com; 75 © Digishooter - Fotolia.com; 78-79 © istockphoto.com;
76-77 © NGGK Illustrator Jan Kleinecke; 80-81 © Dhoxax - Fotolia.com; 82-83 © Arnold - Fotolia.com; 90-91 © drizzd - Fotolia.com
Alle anderen Abbildungen: NGGK GmbH

Impressum

Text und Gestaltung: Clemens Gerlach, Peer Hartog
Druck: color4code GmbH, Ludwigsburg / Offizin Scheufele, Stuttgart
Vertrieb: **av**edition GmbH, Ludwigsburg

ISBN: 978-3-89986-122-8

Printed in Germany

Wir danken

Norbert Daldrop für den Mut
Uli Weber für die Inspiration
Mathias Kowalik für die Textunterstützung
Marcel Brieske für die grafische Unterstützung
Nilüfer Erengün für die Recherche
Petra Kiedaisch für Tipps und Produktion
Familie Schmiedel-Schierbeck für Matilda auf den Seiten 52-53
Jan Kleineke für die Illustration auf den Seiten 76-77
Florian Kolmer für das Foto auf den Seiten 28-29
Volker Otten für das Foto auf den Seiten 22-23

Und sollten wir jemanden vergessen haben,
können Sie sich bitte hier eintragen:

Danke____________________________für____________________________.